AF359402

UN TROUVÈRE PICARD

des XIIe et XIIIe siècle.

UN TROUVÈRE PICARD

des XIIe et XIIIe siècle

RAOUL DE HOUDENC

Sa Vie et ses Œuvres

(1170-1226)

PAR

L. VUILHORGNE.

BEAUVAIS

IMPRIMERIE D. PERE, RUE SAINT-JEAN. — A. CARTIER GÉRANT.

—

1896.

UN TROUVÈRE PICARD

des XIIe et XIIIe siècle

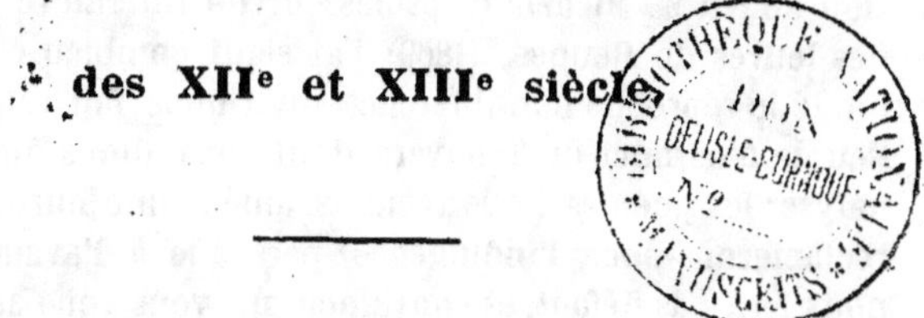

I.

Raoul de Houdenc, sa vie et ses œuvres.

De toutes les notices écrites par les biographes ou les littérateurs Beauvaisins, la plus pauvre en renseignements, la plus contradictoire est sans contredit l'étude consacrée au jongleur Raoul de Houdenc.

Il n'y a, pour en être convaincu, qu'à ouvrir le troisième volume *des Hommes illustres du département de l'Oise* par Ch. Braine, à la page 129, l'on y trouvera un exemple frappant de la légèreté avec laquelle on traite trop souvent l'histoire. Sa courte notice sur Raoul de Houdenc est un véritable modèle du genre; en réalité, ce n'est qu'un tissu d'erreurs et de confusion historique. Tandis que les étrangers, nos voisins, s'inquiètent de rechercher les titres de leurs glorieux enfants à leur tardive admiration, nous, plus indifférents, plus paresseux, nous laissons souvent échapper au profit d'autres nations, notre patrimoine littéraire. Je n'en veux pour exemple que ce qui se passait en Allemagne dans la première moitié de notre siècle. N'a-t-on pas voulu, dans ce pays, nous déposséder de notre

Chanson de Roland la plus vraiment nationale de nos épopées chevaleresques ? Gœthe lui-même, dans son *Reineke Fuchs*, n'a-t-il pas essayé de ressaisir notre *Roman du Renart* que les Germains nous disputent et veulent rattacher quand même à leur cycle littéraire ? Par l'organe de ses meilleurs critiques, la Belgique n'a-t-elle pas tenté, elle aussi, de s'attribuer une part de notre propre héritage ? Nous reviendrons en son temps sur cette dernière prétention.

En étudiant *Méraugis de Portlesguez*, dans la charmante édition de feu M. Michelant, professeur de littérature à la Faculté des lettres de Rennes, (1869) j'ai senti combien était mérité et fondé le reproche d'indifférence qu'il nous fait relativement au lieu de naissance du Trouvère dont nous allons dire la vie et analyser les poèmes. Nous avons assumé là une lourde tâche, aussi réclamerons-nous l'indulgence, persuadé à l'avance qu'elle ne nous fera pas défaut, et convaincu que vous vous associerez à la juste revendication que nous poursuivons. Nous marchons sur un sol inexploré, vierge encore ou à peu près de toute empreinte, et sans autre guide que les poèmes eux-mêmes du ménestrel picard.

En l'année 1869, M. Natalis de Wailly, rendant compte dans la *Bibliothèque de l'Ecole des Chartes* de la publication de M. Michelant, écrivait :

« Ce reproche d'indifférence n'est pas tout à fait mérité, au
« moins pour Hodenc-en-Bray qui a déjà fait valoir ses droits,
« puisque Masselin, dans sa *Géographie*, cite ce petit village du
« département de l'Oise comme la patrie de Guy Patin et de
« Raoul poète du XIIIe siècle. J'ignore sur quel titre s'appuie
« cette prise de possession et à quelle date elle remonte, mais
« c'est un fait que je signale en passant, aux Picards qui seraient
« intéressés à le soutenir ou à le combattre. »

Devant ce défi si nettement et si courtoisement pourtant offert, il me semble que notre amour-propre de chroniqueur picard avait un devoir pressant à remplir, une obligation patriotique à laquelle on ne pouvait décemment échapper; il convenait de « relever le gant, et, par de patientes investigations, rechercher qu'elles étaient les attaches possibles de Raoul de Houdenc à la province de Picardie.

De cette minutieuse enquête dans les livres, à travers les

Revues, de l'étude comparative des fableaux de notre trouvère
est sorti cet essai littéraire.

Nous avons, pourquoi ne l'avouerions-nous pas, poursuivi un
but bien modeste, celui de montrer définitivement que notre
Raoul, conteur aux libres allures, poète à l'inspiration facile
peut, sans inconvénient, être rangé parmi nos poètes originaires
de Picardie. Et, sans nous laisser entraîner à des éloges admi-
ratifs, nous serions assez porté, après une étude attentive de la
langue dans laquelle notre ménestrel a écrit, à le rattacher à
notre Beauvaisis.

Afin que l'on puisse plus aisément fixer son jugement et se
prononcer en connaissance de cause, nous citerons, en les
abrégeant quelquefois, les pièces du procès. Nous éviterons
ainsi aux curieux de recherches le soin de recourir à des ouvrages souvent quasi introuvables.

A chaque pas nous aurons à noter une bévue, à signaler une
erreur, mais cela viendra confirmer cette vérité qui est devenue
axiome de nos jours que ceux qui, dans la critique, succèdent
aux anciens profitent tour à tour et toujours des fautes involon-
taires de ceux qui les ont précédés.

Du reste, dans le cas présent, il n'y va rien moins que de la
gloire d'un des plus célèbres trouvères du nord de la France.
Ce poète, rival de Chrestien de Troyes, est notre compatriote et
la langue dans laquelle il a composé ses quatre ou cinq
poèmes est du plus pur dialecte de l'Ile-de-France.

II

Raoul de Houdenc n'appartient pas au Hainaut belge.

Ce qui semble prouver l'excellence du talent de notre jongleur,
c'est le nombre des copies manuscrites que nous ont laissées de
ses fableaux les XIIIᵉ, XIVᵉ et XVᵉ siècle. Aucune de ces copies, à
notre connaissance, ne fournit le plus petit renseignement touchant la jeunesse, la vie de Raoul de Houdenc. *Les relations et
le milieu où il a vécu dans la seconde moitié du XIIᵉ siècle et dans
le 1ᵉʳ quart du XIIIᵉ nous sont également inconnues ou à peu près.*

Les seuls indices biographiques dont il faille se contenter nous
sont fournis par ses poèmes du *Songe ou voie d'Enfer* et du
Songe ou voie de Paradis.

Garnier de Pont Sainte-Maxence (1) au moins ne nous laisse pas, lui, dans l'incertitude touchant le lieu de sa naissance. Il est précis quand il écrit :

— Guernes li clers, de Pont-de-Saint Mésence nez.....
(5,782, fol. 78.)
Guarniers li clers del Punt fine ci sun sermun.....
(5,811 fol. 83).

Dans les vers de notre trouvère picard, aucun détail à relever qui puisse mettre sur la trace d'une découverte quelconque relativement au pays d'origine de Raoul de Houdenc. C'est ce silence qui a permis à certains critiques du Hainaut de le rattacher complaisamment à la Belgique. Avaient-ils au moins de fortes présomptions en faveur de leur thèse? Nullement. On s'est borné à forcer les textes sans plus de façons. A l'envi, depuis près de trois cents ans, on a copié Cl. Fauchet, Et. Pasquier et beaucoup d'autres, et depuis trois siècles ceux qui ne s'étaient même pas donné la peine de lire le premier des vers de Raoul ont renchéri sur les textes de leurs devanciers. De là, une foule de données fausses ou erronées transmises jusqu'à notre époque.

Le premier en date qui nous ait donné quelque renseignement sur le trouvère qui nous occupe est Hue ou Huon de Méry qui dans une épopée allégorique du *Tournoiement de l'Antechrist*, publié vers 1228, écrit :

Les dits Raoul et Chrestiens
Qu'onques bouche de chrestiens
Ne dit si bien comme ils faisoient ;
Car, quant ils dirent, ils prenoient
Li bon françois trestout à plain
Si comme il leur venoit en main ;
Si, qu'ils n'ont rien de bien guerpy
Si j'y trouvé aucun espy
Après la main, aux Hennuyers (*aliàs : Mestiviers*)
Je l'ay glané moult volontiers
(Huon de Méry — édition Tarbé).

---

(1) Garnier de Pont-Sainte-Maxence, éditions Emmanuel Bekker, Berlin, 1846 ; édition de M. Fœrster ; édition C. Hippeau, Paris, 1859 Consulter sur le *Poème de S. Thomas Becket*, de *Garnier*, la *Thèse de doctorat* présentée à la Faculté des lettres de Paris, en 1883, par M. E. Etienne, de Nancy.

Les deux derniers vers que nous venons de citer ont été le point de départ de gratuites affirmations toujours en faveur de ce thème que Raoul de Houdenc était originaire du Hainaut belge. Sans plus d'examen et sans s'en rapporter au sens qui précédait ou qui suivait immédiatement, M. Arthur Dinaux (1) le critique encore aujourd'hui le plus en vue dans les questions qui interressent la poésie médiévale et la vie des poètes du nord de la France, M. A. Dinaux, dis-je, a cru devoir sur ces deux vers étayer une argumentation sans réplique. On ne pouvait être à notre avis, plus mal inspiré.

> Après la main aux Hennuyers
> Je l'ay glané mult volontiers.

Ces deux vers n'ont aucune portée pour la bonne raison que *Hennuyers* n'a jamais été lu que par Etienne Pasquier qui, dans ses *Recherches de la France*, 1617, p. 726, avait cité fautivement le passage reproduit tout à l'heure.

Les vers sur lesquels M. Dinaux se fonde pour faire notre poëte originaire du Hainaut proviennent d'une mauvaise lecture et d'une fausse interprétation du mot *hennuyer*. Ce n'est *ni hennuyer*, *ni hennir*, *ni hasnier*, *ni ahanier*, comme l'ont cru le savant M. A. Schéler (2) lui-même et plusieurs autres romanistes de notre temps. La vraie leçon qui saute aux yeux, la seule bonne est : *as mestiviers (moissonneurs)*. Les autres variantes *mestriers (ouvriers)*, *hasniers*, *ahaniers*, *menestriers* sont évidemment

---

(1) Arthur Dinaux, correspondant de l'Institut, né à Valenciennes, mort à Montataire (Oise).

Il a publié : *Trouvères, jongleurs et ménestrels du nord de la France et du midi de la Belgique*, 4 volumes parus en 1837, 1839, 1843, 1863 année de sa mort. Voir l'article nécrologique du *Guetteur du Beauvaisis* signé de Bouly de Lesdain.

(2) M. Aug. Schéler, bibliothécaire de S. M. le roi des Belges et du comte de Flandre, l'émule de Littré a publié : *Dictionnaire étymologique de la langue française* 3me édition 1887; *Les Trouvères belges* du XIIe et XIIIe siècle, 1876, 1879, Louvain. M. A. Schéler a publié une excellente édition des poëmes attribués à Raoul de Houdenc (*Voie d'Enfer*, — *Voie de Paradis*, *Roman des Eles*. — Voir aussi tome XXIV des *Mémoires de l'Académie d'Archéologie* de Belgique, 2me série, tome IV.

fausses. Inutile, ce semble, d'insister plus longtemps. Cette leçon coule limpide, et Claude Fauchet qui avait les manuscrits de Raoul sous les yeux est le seul avant le XXXe vol. de l'*Histoire littéraire de la France*, dont le jugement ne se soit pas égaré (*œuvres de Claude Fauchet* 1610, *folio* 561, *verso*).

« Raoul de Houdan ou Houdang, dit M. A. Dinaux n'est pas
« franchement accordé à la province de Hainaut à laquelle plu-
« sieurs écrivains recommandables de la Belgique, MM. A. de
« Reiffemberg, Van Hasselt et autres le rattachent *sans hésiter*. »

Ce qui n'empêche pas néanmoins l'écrivain flamand de forcer à chaque instant la lettre et l'esprit des textes pour faire de Raoul un poète hennuyer.

Nous aurons encore plus d'une fois l'occasion de prendre M. Dinaux en flagrant délit de mauvaise interprétation orthographique. Il semble avoir pris à tâche de faire dire aux textes plus qu'ils ne veulent dire. Nous allons nous attacher de notre côté à montrer les diverses modifications orthographiques que subit à travers les textes le nom de *Houdenc*.

III

Variantes orthographiques observées dans le nom de Houdenc.

Si l'on recueille les formes assez variées du nom de *Houdenc* rencontrées dans les poèmes imprimés ou manuscrits de Raoul ou Raols de Houdenc on se trouve en présence d'abord de *Houdaing* (Songe d'Enfer : édition Jubinal, Mystères II, 1837, p. 403 ; édition P. Tarbé, p. 148 ; édition A. Schéler, 1879, p. 200.

Hosdent (Eles : édition Schéler, Bruxelles, 1868, p. 11).

Houdanc (Eles ; édition P. Tarbé, p. 150. — Méraugis : fragment dans Claude Fauchet, 1610, folio 538, recto).

Hodenc (Méraugis : édition Michelant, 1869, p. 255).

D'un autre côté, M. J. Garnier, dans son *Dictionnaire topographique du département de la Somme*, I, p. 492, donne pour une localité du nom de Hodenc, située près de Tours-en-Vimeu les diverses orthographes suivantes :

> *Hosdenc*, en 1164, 1184 ;
> *Hodenc*, en 1164, 1220, 1253, etc ;
> *Houden*, en 1337, etc ;

Houdenc, en 1343 ;

Houdencq, en 1387, 1398 ;

Houdanc au XVIe siècle ;

Houdan, en 1506. — *Houdent* et *Houdant* postérieu-
rement.

Le Béauvaisis a aussi ces deux Hodenc, *Hosdencum Episcopi* ou
Hodenc-l'Evêque et *Hodenc-en-Bray* ou *Hodenc-le-Petit*, en 1373.
Mais ces deux localités offrent entre elles et avec celle du Vimeu
si peu de différences orthographiques que nous ne croyons pas
indispensable de les relever ici. De toutes ces variantes topony-
miques peut-on tirer un argument décisif, inattaquable en
faveur d'Hodenc-en-Bray, d'Hodenc-l'Evêque ou bien d'Hodenc-
en-Vimeu ? A quel village de ce nom de Picardie ou de Beauvaisis doit-on raisonnablement donner la préférence ?

<h2 style="text-align:center">IV</h2>

Raoul de Houdenc d'après les critiques du XIIIe au XIXe siècle.

Nous avons vu que Huon ou Hue de Méry (Edit. P. Tarbé) parle
de notre trouvère comme d'un contemporain et presque d'un
rival de Chrestien de Troyes. Il les associe dans une commune
admiration et leur donne un rang à part parmi ceux qui ont
employé avec le plus d'art et de succès la langue la plus châtiée,
la plus parfaite de l'époque, le dialecte de l'Ile de France ou simplement de *France* comme on disait alors.

Si l'on veut s'en tenir approximativement à la date admise par
P. Tarbé, comme époque de la publication du *Tournoiement de
l'Antéchrist* (H. de Méry), et qui serait 1228, on peut assigner
comme époque probable de la publication des poèmes des *Voie
d'Enfer* et *Voie de Paradis*, 1215 à 1228.

En 1228, Raoul de Houdenc n'était plus de ce monde puisque
Huon de Méry parle du style de Raoul et de Chrestien au passé
ou prétérit.

M. Graves (canton du Coudray, 1840) qui avait emprunté à
Cambry son renseignement, avait donc tort de dire comme il l'a
fait que R. de Houdenc avait publié ses poèmes en 1250. Denis
Simon est plus près de la vérité (*Nobiliaire de Vertus*, p. 55), en
ne faisant vivre notre poète qu'en 1227.

Quand le Père Daire composait son : *Tableau historique des sciences, des belles lettres et des arts dans la province de Picardie, depuis le commencement de la Monarchie, Paris* 1768, *in-*12, il ne faisait à propos de Raoul de Houdenc, que reproduire et encore infidèlement le texte du président Cl. Fauchet. Fauchet, en 1610, *œuvres, folio* 557, verso) écrivait : « Il est bien certain que Raoul « de Houdenc ou Houdon (*coquille pour Houdan*) et Chrestien « de Troyes sont morts avant l'an 1227, par ce qu'a laissé Huon « de Méri au *Tournoiement d'Antéchrist*, et lequel nommément dit « que Raoul avait composé le *Roman des Aeles* :

> — Com Raoul de Houdenc raconte —
> — qui des deux eles fait un conte —

« Mais je ne vey jamais ce *Romans*, ains (mais) seulement un « fabliau qui est un conte fait à plaisir. Ce fabliau de Raoul est « intitulé : *La voye ou le Songe d'Enfer*..... J'ay leu de luy un *roman* intitulé : *Méraugis de Portlesguez* en vers de huit syllabes « assez coulans...... Certainement il avait d'assez bonnes in-« ventions ..... »

Est-il permis de s'appuyer sur ce passage des *œuvres* de Claude Fauchet, pour faire de Raoul de Houdenc un poète originaire de Beauvaisis plutôt que de Picardie? Nous ne le croyons pas. D'où vient donc que le P. Daire, qui invoque, là, comme son autorité C. Fauchet ait écrit :

« *Raoul de Houdenc* en *Beauvaisis*, vivant en 1250, a imaginé « le *Roman des Aîles*, celui de *Méraugis* et le fabliau de la *Voie* « *d'Enfer* ».

Bien avant le P. Daire, l'auteur très estimé du *Trésor des recherches et antiquités gauloises réduites en ordre alphabétique, Paris*, 1655, *in-*4°. Borel, signalait déjà le *Roman des Aîles* de courtoisie de Raoul de Houdenc, mais restait muet sur la province ou le lieu d'origine de notre poète.

En 1739, l'abbé Massieu, littérateur de goût et critique recom-mandable, dans son *Histoire de la poésie française*, p. 131, se souvenant probablement de Fauchet, disait de son côté : « On « joint d'ordinaire Raoul de Houdan (sic) et Chrestien de Troyes « soit qu'ils fussent liés d'amitié, soit qu'il y eût de la ressem-« blance entre leurs styles. Ils furent tous deux en grande « réputation »..... Puis l'abbé Massieu cite les titres de trois des poèmes de Raoul qu'il fait, à tort, mourir trente ou quarante ans avant Huon de Méry.

Cambry dans sa *description du département de l'Oise*, 1803, t. II, p. 238, n'a fait que suivre le P. Daire quand il écrit : « Raoul « de Hodenc-en-Bray, poète fameux, vivoit en 1227, il a fait le « *Roman des Ailes*, celui de *Morangis* (sic) et le fabliau de *La* « *Voie d'Enfer.* »

Nous ne savons sur quel fondement Roquefort, le savant romaniste, à qui nous sommes redevables de tant de bons travaux sur la langue du Moyen-Age, lui attribue un *Roman de la Rose* assez improprement intitulé *Guillaume de Dôle*.

Ce poëme dédié au chevalier *Miles de Nanteuil*, d'origine champenoise, cite comme un seigneur accompli le comte de Clermont aux armes de qui le ménestrel compare les armes d'un de ses principaux héros :

> Et si portoit l'escu demi
> Au gentil Comte de Clermont
> Au lieu rampant centremont
> D'or et d'azur.

Le manuscrit de ce poëme, dit M. Littré (*Histoire littéraire de la France*) est au Vatican. Rapprochement curieux. Vers le même temps un poëte beauvaisin, moine à Froidmont, Hélinand de Pronleroy n'avait garde aussi d'oublier dans ses vers ses amis ou ses bienfaiteurs. Dans une stance à la mort il salue Louis de Champagne, comte de Chartres et de Clermont-en-Beauvaisis.

> Mors, qui as contes et as rois
> Accorches lor aus et lor mois
> C'onques hom allongier ne peut
> Chartres et Chaalons et Blois
> Salue pour les Thibaudoi
> Loeis Renaut et Retrout (1).

(Voir Ant. Loisel, 1594, in-8°).

Si l'auteur du *Roman de la Rose* ou *Guillaume de Dôle* était Raoul de Houdenc et que ce dernier eut été d'Hodenc-en-Bray

---

(1). Histoire de l'abbaye de Froidmont, 1871 (Mémoires de la Société Académique).

l'un des 1700 fiefs ou arrière-fiefs du comté de Clermont, les partisans du Beauvaisis pourraient avec assez de vraisemblance invoquer ce prétendu argument et maintenir notre trouvère parmi les ménestrels de notre région. Mais nous sommes, ici, en pleine hypothèse. *L'Ecole de jonglerie* qui brillait de tout son éclat, à Beauvais (1), au xive siècle peut-elle aussi le compter parmi ses maîtres? Nous l'ignorons absolument.

« Les réunions des Trouvères picards, dit le bibliophile Ratoux, « portaient le nom de Plaids et *Gieux sous l'Ormel.* » Il n'y a pas trace nulle part du séjour de notre poète à Beauvais ou à Amiens, et quand l'abbé J. Corblet dans son *Glossaire étymologique* du patois picard le fait naître à Hodenc-en-Bray, il ne fait que suivre le P. Daire.

Depuis 1850, il a paru sur les ouvrages de Raoul de Houdenc des études du plus haut intérêt, des notices plus ou moins étendues, malheureusement presque toutes en langue allemande. Il est de notre devoir, pour être complet, de les signaler et de les passser en revue.

Le premier en date qui se soit occupé incidemment de Raoul de Houdenc est M. Holland, professeur de littérature romane à Tubingue. Dans ses recherches historico-littéraires sur Chrestien de Troyes (*Crestien von Troies, eine-litergesch Untersuchung, Tubingue,* 1854), p. p. 51 et 52 note, il nous donne quelques appréciations littéraires sur les œuvres du poète de Picardie. Enfin dans un mémoire lu à l'Académie impériale de Vienne, en 1865, Ferdinand Wolf a le premier donné une analyse complète du roman de *Méraugis de Portlesguez. (Ueber Raoul de Houdenc und insbesondere seinen Roman Meraugis de Portlesguez, Vienne,* 1865). Dans ce consciencieux mémoire communiqué à la section d'histoire et de philologie, il a, paraît-il, passé en revue et discuté toutes les opinions émises sur le poète avant lui. Quant à la vie et au pays d'origine de Raoul, M. Wolf n'en a pris nul souci

---

(1). Beauvais eut son *Eschole de jonglerie* au xive siècle. Elle tenait ses cours à la mi-carême et dépendait du vassal de l'évêque de Beauvais Nous avons connu. dans notre jeunesse, une rue portant, à Beauvais le nom de « rue des Jongleurs » (consulter : *Archives municipales* de Beauvais ; Guillaume de Hellande, D[eni] de 1454. L'OASIS, n° du 15 février 1896, article de M. Ansart).

laissant à d'autres critiques le soin d'éclaircir un point aussi épineux.

En 1868 et 1879, un savant belge dont la littérature romane pleure encore la perte, M. A. Schéler a laissé en tête du *Roman des Ailes* et des autres poèmes de Raoul (*Voie d'Enfer, Voie de Paradis*) des notices littéraires assez détaillées. Raoul de Houdenc ne pouvait rencontrer juge plus impartial et plus compétent. M. Lenient ne fait à proprement parler qu'effleurer dans la *Satire au Moyen-Age* un sujet aussi tentant.

C'est par lui néanmoins que nous avons appris que le *Songe* ou *Voie de Paradis* avait été composé en faveur de la Croisade contre les Albigeois. M. Lenient nous semble confondre *La Voie* ou *Songe de Paradis* de Rutebœuf avec le poème du même nom de Raoul de Houdenc. Parlerons-nous du *Discours sur l'Etat des lettres au* XIIIe *siècle* de M. Daunou? Des notes d'Ach. Jubinal dans son édition de Rutebœuf? Il y a bien M. Charles Labitte, du Collège de France, qui dans une bonne étude sur les sources où Dante a puisé les éléments de son poème de la *Divine Comédie* a consacré quelques lignes à notre poète, mais M. Labitte ne nous apprend rien de nouveau relativement à la vie de notre *ménestrel picard.*

Ainsi nous ne savons encore si Houdaing à quatre lieues de Mons; si Houdenc-en-Vimeu; si Houdenc en Normandie, et nos deux Houdenc du Beauvaisis sont fondés à revendiquer notre trouvère comme l'un de leurs plus glorieux enfants. Nous allons examiner maintenant, à l'aide de ses œuvres elles-mêmes comment et pourquoi nous sommes autorisé à rattacher notre ménestrel à notre province de Picardie.

V

Vie de Raoul de Houdenc.

Si les poètes historiens, chroniqueurs contemporains de Philippe-Auguste sont muets, à l'exception de Huon de Méry, touchant les circonstances de la vie de Raoul de Houdenc malgré la faveur exceptionnelle dont ses poésies jouissaient au XIIIe et XIVe siècle, il ne faudrait pas croire que nous sommes absolument dépourvu de tout renseignement à son sujet. C'est principalement à ses propres œuvres, comme nous le disions tout à l'heure, que nous demanderons le peu que nous savons. En dehors des détails fournis par le *Songe d'Enfer* et le *Songe de Paradis*, nous inclinons à faire de notre ménestrel le maître de grammaire d'Hélinand de Pronleroy, moine de Froidmont. Nos raisons les voici : 1° une étude attentive du *Songe de Paradis* nous permet d'affirmer que Raoul, pendant près de neuf cents vers, fait l'application des doctrines de Saint-Bernard notamment dans sa description des jouissances et merveilles célestes. Or, Hélinand, personne ne l'ignore, est demeuré à Froidmont un fervent disciple de l'illustre apôtre des Cisterciens. On objectera que le Raoul *maître de grammaire* d'Hélinand est appelé « anglais de nation » et que par conséquent il ne peut être rangé parmi les écrivains d'origine picarde ou beauvaisine. Ce n'est pas là une preuve décisive, car à ce compte, Scipion l'Africain et ses illustres descendants devraient être nés en Afrique! L'historien Mathieu de Paris plus ordinairement appelé Mathieu Paris tout court devrait avoir pris naissance à Paris. Notre Eustache de Flay, abbé de Saint-Germer, aurait vu le jour à Flay ou Saint-Germer, et non ailleurs. Rien n'est moins probable cependant. Enfin et pour borner là nos exemples et ne pas multiplier nos arguments, il est péremptoirement prouvé que Barthélemy l'Anglais — (*Frater Bartholomœus Anglicus. de ordine fratrum Minorum*), l'illustre théologien qui vivait en 1230, au début du régne de Saint Louis, n'a pas, comme on l'avait cru (1) jusqu'à nos jours, pris naissance en Angleterre, mais bien dans l'Ile-de France; il n'est pas né à Glauville mais en France qu'il a habité longtemps et dont il connaissait les usages. Nous savons par l'Histoire romaine que Scipion et ses fils n'ont été appelés *Africains* qu'en souvenir de leurs exploits en Afrique, que Mathieu de Paris né vraisemblablement en Angleterre, moine de

---

(1) Barthélemy l'Anglais. — « La plupart des bibliographes modernes « donne à Barthélemy le surnom de Glauville, dit L. Delisle,... le surnom de l'Anglais a fait supposer qu'il était originaire de l'Angleterre ; « mais c'est une hypothèse qui ne repose sur aucun fondement solide... « Frère Salimbene dit simplement en parlant de Barthélemi : » Frère « Barthélemi l'Anglais, de l'ordre des Mineurs, fut un grand clerc qui expliqua toute la Bible dans un cours professé à Paris : »

                        (*Histoire littéraire*, tome XXX, p. 354 et sq.

Saint-Albans, ne fut appelé *(Parisius-Parisiensis)* de Paris, que parce qu'avant son départ pour une mission en Norvège il fut chargé par son gouvernement de missions diplomatiques délicates, à Paris, auprès du roi saint Louis.

Quant à rattacher à la nationalité anglaise le maître de grammaire d'Hélinand, rien n'est moins prouvé encore. Raoul de Houdenc lui aussi séjourna et vécut en Angleterre, comme l'illustre Eustache de Saint-Germer.

> — .... Je viens de Sassoigne (Saxe)
> — Et de Champaigne et de Borgoingne
> — de Lombardie et d'Engleterre
> — Bien ai cerchie (parcouru) toute terre.....
> 　　　　(Songe d'Enfer, vers 413 à 416).

L'épithète d'Anglicus pouvait tout aussi bien lui convenir qu'au grammairien de l'Ecole de Beauvais, Raoul.

Hélinand de Pronleroy excellait surtout dans l'expression de la chanson, des lais, des joyeux devis; il n'avait pas son rival dans la poésie spirituelle et légère. Voltaire en raccourci, le Voltaire des *Contes des Satires et des Epîtres*, tel nous apparaît Hélinand au XIIIᵉ siècle. Ce tour d'esprit satirique, cette poésie aérienne, mordante et pourtant expressive se retrouvent dans les œuvres de Raoul de Houdenc. Tel a été le disciple, tel avait pu être le maître. Ne prend-on pas souvent les habitudes de ceux avec qui l'on vit ordinairement? Rien ne serait, selon nous moins surprenant que ces leçons de belles lettres, qu'il reçut dans sa jeunesse, lui eussent été données à Beauvais, par Maître Raoul de Houdenc. Même conformité de goût, même verve satirique pour fronder les abus sociaux semblaient les rapprocher et faire leur amitié durable.

En tout cas, si notre trouvère a été le professeur d'Hélinand, il n'a pas dû être insensible aux éloges répétés que l'on décernait de toutes parts à son brillant disciple. (Sur Hélinand, consulter : Dom Cellier — *Histoire eccl.* tome XIV, 898; — D. Tissier *Patrol. de Migne. cist.* VII, 306; M. Renet, *Vies des Saints du diocèse.* — Hélinand).

Comme le poète Rutebœuf (2ᵉ édition par Ach, Jubinal) Raoul de Houdenc paraît avoir beaucoup aimé les jeux de hasard. C'était l'occupation habituelle des jongleurs et c'est le travers de

tous les temps, même du nôtre. Brunetto Latino (sic) dans son
Livre du Trésor, avait fait cette remarque à l'endroit des jongleurs surtout : « Le rire, le jeu, voilà la vie du jongleur qui se moque de lui-même, de sa jeunesse, de sa femme, de ses enfants, de tout le monde ».

L'auteur de Méraugis, à propos de jeu et des fourberies de joueurs de l'époque prend surtout à parti les Poitevins et les habitants de Chartres.

> Celi contai, grant joie en ot,
> Et Tricherie à un seul mot
> Me redemanda esraument
> Que je li deïsse comment
> Li tricheor se maintenoient,
> Icil qui à li se tenoient.
> Se le voir li savoie espondre.
> Et je, qui tost li voil respondre,
> Li dis de son voloir un pou :
> Que Tricherie est en Poitou
> Justice, dame et viscontesse,
> Et a por prendre sa promesse
> En Poitou, si com nous dison
> Ferme chastel de Trahison
> Trop haut, le plus divers du monde
> Dont Poitou siet à la roonde
> Toz enclos et çains par grant force.
> Tricherie, qui s'en efforce
> L'à si garni de fausseté
> Qu'en aus n'a foi ne leauté.
> Ce respondi je Tricherie
> Mes qui que tiegne à vilonie
> Je dis tout voir, n'en doutez rien
> Quar des Poitevins sai je bien.
> Ceus qui connoissent leur couvine
> Que de leur roiaume est roiné
> Tricherie, si com moi samble
> Qu'entre els et li trestout ensamble
> Sont de conseil à parlement (1).

(Songe d'Enfer — 54 à 82 inclus, éd. A. Schéler, 1879).

---

(1) Etre de conseil à parlement = être de connivence, de complicité. Pour toutes nos citations nous suivrons l'excellente édition A. Schéler (Trouvères belges, nouvelle série, Louvain, 1879, tome II).

De son séjour à Paris, Raoul ne semble avoir retenu que les noms parfaitement inconnus d'ailleurs de taverniers tenant tapis verts. Si l'on peut dire qu'un bon et beau vers n'est qu'une impression vive subie par un tempérament, les impressions de l'auteur du *Songe d'Enfer* n'ont jamais eu cette vivacité qui laisse aux vers l'empreinte du génie. Raoul est un charmant et spirituel conteur, un beau diseur, mais ses descriptions n'ont rien de l'ampleur majestueuse de la *Chanson de Roland*. Nous avons laissé notre poète à Paris, au milieu des tavernes et des joueurs fripons. Qu'est-ce que *Jehan, Michel de Treilles*, mauvais sujets à la mode ayant trop souvent maille à partir avec Dame Justice ? Qu'étaient-ce que *Dant Sauvage* et *sa gent*, et *Girart de Troies*, leur victime ? Autant de problèmes d'histoire locale à résoudre. M. A. Dinaux, dans l'ouvrage déjà cité, a vu à tort dans le vers 190 que voici :

> Jehan boçus et artisiens
> Hermers, Guiars li fardoilliez,

une allusion au poète artésien Jehan le Bossu. La chronologie d'abord s'y oppose formellement et les mots *boçus, artésiens* ne sont ici que de simples qualificatifs et rien de plus. D'autres éditions portent *brisus li artisien*.

Qu'est-ce aussi que ce lutteur Guillaume de Salerne ?

> Maint se sont à moi combatu
> Qui au lutier sont abatu
> Et au combatre en la taverne ;
> Neis Guilliaume de Salerne
> C'on tient à preu et à hardi
> Ai abatu, bien le vous di,
> Jambes levées à un tor.
>
> (Ibid., vers 289 à 294.)

Faut-il conter par le menu la vie que notre ménestrel mène à Paris ? Elle se devine. Qu'est-ce aussi que ce Gautier l'Enfant du vers 224? On trouve ce nom parmi ceux des seigneurs de Saint-Germain-la-Poterie (Oise), et dans les chartres du chapitre de Saint Pierre de Beauvais. Est-ce un parent, ce Gautier, des chevaliers de notre Beauvaisis ? Nous laissons à d'autres mieux renseignés le soin d'éclaircir ce petit problème.

Disons en passant que, suivant la mode au Moyen-Age et

comme on le remarque un peu plus tard dans Rutebœuf, tous
les vices sont, ici, personnifiés. Nous voyons tour à tour défiler
Yvrèce, Fornication, Desespérance, Mort-Subite, etc.

> Yvrèce, en qui conseil j'estoie,
> Me prist et si me convoia
> Hors du chastel ; bien m'avoia
> Et toute i mist s'entencion
> Par devant Fornication
> Me mena droit en un chastel
> Qu'on appelle Chastiau-Bordel
> Où maint autre sont herbregié
> O Honte, la fille à Pechié,
> Me vint veoir à grant déduit
> Larrecins, li filz Mienuit,
> Qui reperoit en la maison.
>
> (Ibid., vers 312-322.)

Ce qui prouve que Raoul fut un poète famélique besogneux et
qu'il dut le plus souvent à la générosité des hauts barons ses
moyens d'existence, c'est cette insistance à recommander la largesse et une largesse sans mesure aux seigneurs. La largesse,
pour lui, est l'une des vertus qui compose l'un des plus beaux,
fleurons de la couronne du vrai chevalier. Sans cette qualité
(*Roman des Eles,* 370 à 420) aucun seigneur ne pourra devenir un
chevalier accompli.

Au moment où il mettait les pieds dans la cité d'Enfer on
mettait les tables

> ... . et itant vous di
> D'une coustume en Enfer vi
> Que je ne ting mie à poverte,
> Qu'il menjuent à porte ouverte.
> Quiconques veut en Enfer vait :
> Nus en nul tenz leenz ne trait
> Que ja porte li soit fermée
> Iceste coustume est faussée
> En France, chascuns clot sa porte :
> Nus n'entre léenz s'il n'aporte,.....
> Mes en Enfer à huis ouvert
> Menjuent cil qui leenz sont :
>
> (Ibid., vers 373-385.)

De si loin qu'ils le virent entrer, les puissances infernales s'empressèrent de lui faire bon accueil et de l'admettre à la meilleure table. S'il blâme, comme il convient, l'inhospitalité des habitants de l'Ile-de-France (France), il ne faudrait pas s'imaginer pour cela qu'il ait borné ses pérégrinations à ce seul domaine de nos premiers rois de France.

Il visita, il le dit lui-même, l'Allemagne en partie (Saxe), la Champagne, la Bourgogne et l'Angleterre (Ibid., vers 413 à 417).

Au début de son règne, le roi Philippe-Auguste fut obligé de rendre un édit qui limitait le nombre des jongleurs ou ménestrels (*ioculatores-amuseurs*) qui encombraient, le jour des fêtes, les rues de Paris. Serait-ce vers cette époque, en 1182 environ, que Raoul de Houdenc, forcé peut-être de quitter la France serait allé chercher fortune en Saxe, en Angleterre et même dans l'Italie septentrionale ? On est tenté de le croire. Dùt-il abandonner à un moment l'Italie, qui avait à redouter la malice des trouvères français ? En tout cas, elle paraît avoir craint les moqueries malicieuses de leurs chansons et quelquefois même le cynisme de leurs compositions poétiques.

Muratori, l'infatigable compilateur, dans son *Histoire de la ville de Bologne*, cite un édit des magistrats de cette ville qui interdit aux jongleurs français de s'arrêter sur les places publiques pour y chanter « *ut cantatores Francigenarum in plateis ad cantandum morari non possint.* »

Vint-il jamais, après ses longs voyages à l'étranger, se fixer dans l'une de nos provinces septentrionales ? A quelle époque se résigna-t-il à prendre du repos dans sa patrie ? A défaut de documents, nul, en l'état présent des découvertes, ne peut se prononcer. Nous en sommes réduit, touchant la date approximative de sa mort au passage déjà cité de Huon de Méri qui, en 1227, parle de Raoul comme d'un poète décédé.

Nous voici maintenant amené à examiner les vers du *Songe d'enfer* sur lesquels M. A. Dinaux s'appuie pour rattacher quand même notre poète de Houdenc au Hainaut belge.

Le témoignage de M. Dinaux n'a aucune valeur, quand parlant de la réception de Raoul à la table d'Enfer (vers 420-430) par Belzébuth, il s'exprime ainsi : « Le poète est surpris d'y trouver « des tables toutes servies et cependant les portes ouvertes, cou- « tûme bien étrangère à la *France*, où chacun maintenant s'en-

« ferme pour manger et ne reçoit personne à moins qu'il n'ap-
« porte son écot. Cette circonstance paraît beaucoup étonner
« Raoul de Houdaing (sic) ce qui nous le fait *plus que jamais*
« *compter* pour un habitant des provinces flamandes où l'on
« est hospitalier par nature..... »

La conséquence que tire Dinaux de l'emploi, chez Raoul, du
mot *France* est absolument fausse et erronée, car l'on sait
qu'au XII° et XIII° siècle on avait coutume d'entendre par *France*
la province mieux spécifiée depuis par la dénomination *Ile de-
France*. Les exemples surabondent. On n'a que le choix dans les
textes des historiens du XII° au XV° siècle. Ainsi Robert de Clari
après avoir énuméré les seigneurs qui s'étaient enrolés, par ordre
de provinces, et s'apprêtaient à partir pour la 4° croisade dit :
. ... *et chist que je vous nomme, ichi estoient de Franche*. »

Une simple citation encore pour démontrer jusqu'à l'évidence
jusqu'à quel point sont mal fondées les prétentions intéressées
de Dinaux. L'exemple est emprunté au *Liber de proprietatibus
rerum* de ce Barthélemy Anglicus dont nous avons parlé tout à
l'heure à propos d'Hélinand. Cet ouvrage, sorte d'encyclopédie
inédite, est l'œuvre d'un contemporain, peut-être d'un compatriote
de Raoul de Houdenc. Notre extrait est tiré du XXX° volume de
l'*Histoire littéraire de la France*, page 360 (D'après m^it de la
Bibl. Nat., 347, f° 148 et 156).

F° 148 abrégé. — « La France possède de nobles carrières et
« d'excellents matériaux pour construire les édifices. Le sol de
« Paris se fait particulièrement remarquer par un gypse ou
« verre que les habitants appellent du plâtre. »

F° 156 abrégé. — « La Picardie qui tire son nom du château
« de Picquigny, est une province fertile, arrosée par beaucoup
« de cours d'eau, bien peuplée, garnie de cités, de villes et de
« châteaux forts, tels que Beauvais, Amiens, Thérouanne et
« Tournai. Elle a pour limites au levant: le Rhin, fleuve Alle-
« mand ; au midi la France supérieure (*Gallia superior*), au
« couchant: la mer d'Allemagne ou de France; au nord, la
« Grande-Bretagne. Il y a deux Picardies, la haute (*superior*) qui
« est la plus rapprochée de la France, l'autre s'appelle le pays-
« bas (*alia dicitur terra inferior*).... Les habitants de ces deux
« pays se distinguent par l'élégance de la taille, la régularité des

« traits, la hardiesse de l'esprit, l'urbanité des manières, la
« clarté de l'intelligence et la tendresse des sentiments... »

Le *De proprietatibus rerum* dont notre Bibl. Nat., possède à
elle seule 18 exemplaires a peut-être été l'ouvrage le plus
répandu qu'il y ait eu en France, en Angleterre, en Italie et en
Allemagne aux xiii° et xive siècles.

On vient de le voir, les provinces de Picardie et de Normandie
n'étaient pas comprises dans l'appellation de France appellation
alors restreinte au Parisis et aux petits pays environnants.

Quant au passage de Raoul relatif aux béguines de Cantimpré
invoqué par Dinaux pour faire de notre trouvère un poète hennuyer, ce passage, dirons-nous, n'a aucune portée (vers 51 à
114) au point de vue de l'origine de notre ménestrel. Celui où
apparait le nom de la ville de Bruges en a encore moins :

> Par desus ert veûs li Juges (Dieu)
> Il n'a si boin clerc jusqu'à Bruges.
> *(Songe de Paradis, vers 1271-1272).*

Il saute aux yeux que ce dernier vers n'est qu'une cheville
assez grossière même, mais l'auteur était gêné pour sa rime en
uge, à cette époque plus rare qu'aujourd'hui, il lui fallait trouver
n'importe quoi d'à peu près passable pour cadrer avec *juges*.

Dinaux veut faire rendre aux lettres et à l'esprit du texte plus
qu'ils ne peuvent et ne doivent lui donner. Mais, on le remarque
trop, son siège était fait, son seul but c'est qu'il lui fallait à tout
prix que son Raoul de Hodenc sortit des provinces flamandes.

Ainsi s'écroule l'échafaudage élevé par A. Dinaux à si grand
renfort d'imagination ; les droits très discutables qu'avait le
Hainaut de revendiquer notre poète ne reposaient, on l'a vu,
que sur de spécieux et fragiles arguments.

L'*Histoire littéraire de la France* elle-même tome XXIII, page
116, j'ignore sur quelles preuves, fait naître Raoul à Hodenc-en-
Bray, patrie de Pierre *préchantre à Paris* qui vivait vers 1190
(Pierre de Hodenc préchantre à Paris, voir *titres de Gerberoy,
archives de l'abbaye de Beaupré*). Il serait curieux d'associer les
noms de Raoul de Houdenc avec ceux de Pierre le Chantre et de
Guy-Patin.

Quant à faire de *Rohault* (sic) de Hodenc en-Bray » un évêque
de Nevers », comme le veut M. Ch. Braine, nous n'y songerons
pas un seul instant. La nature même des sujets scabreux qu'il a

traités, l'examen de ses poésies prouvent assez que de pareilles *Juvenilia* n'ont pu être l'œuvre d'un prélat français. Coïncidence digne de remarque pourtant, en 1232, il se trouve que le siège épiscopal de Nevers est occupé par un Raoul de Beauvais. Appartenait-il à la famille des châtelains de Beauvais ou à une maison originaire du Beauvaisis? nous ne savons.

Les Mémoires de l'Athénée du Beauvaisis, les manuscrits de V. Tremblay le font invariablement originaire d'Hodenc-en-Bray, Sur quel fondement ? ils n'ont garde de le dire et pour cause.

VI

Manuscrits des œuvres de Raoul de Houdenc.

Bien que les poèmes de Raoul aient été mis au jour, donner ici l'indication des manuscrits de provenances diverses ne nous paraît pas inutile quand ce ne serait que pour venir en aide aux bibliographes de profession.

L'œuvre capitale de Raoul de Houdanc, le *Roman de Méraugis* a été conservée dans quatre manuscrits, dont trois complets. Le premier est à la Bibliothèque impériale de Vienne (H. Michelant, notes à la fin de son édition de Méraugis) fonds Hohendorff n° XXXVIII. C'est un petit in-folio sur velin de trente feuillets écrits sur deux colonnes de quarante vers chacune. Il est d'une belle minuscule du XIV⁰ siècle et orné de dix-neuf miniatures que l'on croit exécutées par un miniaturiste d'une école anglaise.

Le second manuscrit est à Turin et est en semi-cursive du XV⁰ siècle. Il est coté XXIII G, 129 (Catal. Pasini).

Un troisième est au Vatican et a été copié en partie par Von Keller qui en a reproduit trois cents vers dans *Romvart*. Ce manuscrit a dû faire partie à la Vaticane du fonds de la reine Christine et portait le n° 1725.

Enfin un quatrième manuscrit de Méraugis est signalé par le philologue Holland (Crestien von Troyes, p. 51, note 1) comme appartenant à Von der Hagen. Est-ce le même que le m⁵ de la bibl. de Berlin, d'une écriture du XIII⁰ siècle ? Ce serait le plus correct de tous suivant M. Michelant, mais il ne comprendrait que seize ou dix-sept cents vers.

2° *Songe d'Enfer*. — Quant au *Songe d'Enfer* notre Bibliothèque

Nationale en possède deux copies : ms fr. 837 (anc. 7,218) fᵒ 83 à 86 ; et 1593 — (anc. 7,615) du fonds Saint-Germain.

Ce *fableau* a été publié par Ach. Jubinal à la suite des *Mystères inédits du* XVᵉ *siècle* (tome II, 384-403) et par le savant A. Schéler en 1879 dans les *Trouvères belges,* IIᵉ série.

3ᵒ *Songe ou Voie de Paradis.* — Se trouve à la Bibl. Nat. ms français 837 (ancien 7,218) folio 86, et Bruxelles 9,411-26, fᵒ 8, verso. Publié par Jubinal en 1875, dans les œuvres de Rutebœuf,

4ᵒ *Roman des Eles.* — Cette moralité didactique se trouve à la Bibl. Nat. 19,152 et 837 ; et à Turin L. V. 32. A Berlin ce poème se trouve en un ms petit in 4ᵒ sur velin du XIIIᵉ, avec le *Songe de Paradis,* un long fragment de *Méraugis,* une portion de la *chanson d'Agolant,* et la chanson de geste d'*Aubri le Bourguignon* ; il porte le nᵒ 48.

VII

Raoul n'est pas l'auteur du poème « La Vengeance de Raguidel ».

Certains critiques recommandables attribuent à notre poête, la *Vengeance de Raguidel,* dont le manuscrit unique est conservé dans la belle bibliothèque de M. le duc d'Aumale, et cela parce que l'auteur, parfaitement inconnu du reste, se désigne par le nom de Raoul.

Le philologue Mussafia dans un article de la *Germania,* VIII, p. 222, et M. Michelant dans son introduction à l'édition de Méraugis s'appuyant sur l'identité du prénom de Raoul et sur la mention dans le poëme de « *Méraugis de Portlesguez* », que l'on rencontre assez peu souvent dans les romans de la *Table Ronde,* conjecturèrent que la *Vengeance de Raguidel* pouvait être attribuée à Raoul de Houdenc. Pour confirmer son hypothèse, M. Michelant faisait remarquer les analogies de styles entre les deux poèmes.

Ces analogies n'étaient qu'à la surface. A son tour, M. Paul Meyer partageant l'opinion du professeur Mussafia, montrait le soin, que le Raoul de la *Vengeance de Raguidel,* apportait à la versification.

On n'avait pas trop contesté, jusqu'en 1880, à Raoul de Houdenc la paternité de ce dernier poème quand deux jeunes (1) et érudits

---

(1). Wolfram Zingerle. — Ueber Raoul de Houdenc und seine Werke, eine sprachliche Untersuchung, Erlangen, 1880, in-8ᵒ. « Dissertation sur la langue de Raoul de Houdenc, Erlangen, 1880. »

romanistes allemands (2), à la suite d'une étude comparative et
approfondie du style des poèmes de *Méraugis* et de *Raguidel* se
prononcèrent irrévocablement contre l'attribution de M. Mussafia.
« Raoul de Houdenc, dit le tome xxx de l'*Histoire littéraire*,
« (art. de G. Pâris) se distingue par la subtilité de sa pensée et
« la bizarrerie cherchée de la forme dont il la revêt ; il aime le
« dialogue et fait de l'interrogation un emploi quelquefois heu-
« reux, mais excessif, maniéré, et, à la longue, fatigant ; il re-
« cherche la rime riche, et, comme il arrive souvent, prodigue
« en même temps l'enjambement. »

Rien de tout cela ne se retrouve dans Raguidel. Dans Méraugis
Raoul a le respect profond des femmes et quand il recommande
de les aimer ce n'est pas tant à cause de leur beauté passagère
qu'à cause surtout de leurs qualités et de leur valeur morale.

Au contraire de Raoul de Houdenc il n'a que mépris et raillerie,
pour la femme, l'auteur anonyme de Raguidel ; sur l'héroïne
d'un des récits de son poème, il ne trouve rien de mieux que de
déverser l'insulte avec un cynisme éhonté. C'est dans Raguidel
que se rencontrent les vers les plus graveleux de la poésie arthu-
rienne.

VIII

Le Songe ou Voie d'Enfer.

I

C'est par le *fableau* du *Songe* ou *Voie d'Enfer* que Raoul a
conquis, au moyen-âge sa popularité. Le sujet en lui-même
n'était pas si nouveau qu'on pourrait le supposer et sa vision
n'est pas de celles dont on peut dire *prolem sine matre creatam*.
Il a dû prendre, selon nous, les éléments de son poème dans les
traditions populaires. Nous ne croyons pas qu'il ait connu
l'antiquité, le viiie livre de l'*Iliade* ; le xie chant de l'*Odyssée*, où

(2 . Boïner (Otto). — Raoul de Houdenc. Eine stilistiche Untersuchung
über seine Werke Identität nièt dem Verfasser des Messire Gauvain —
Leipzig, 1885, in 8°, Raoul de Houdenc. — « Essai sur le style de ses
œuvres et son identité avec l'auteur de Messire Gauvain, Leipzig, 1885. »

Ulysse se rend aux Enfers on ne sait trop comment. Connût-il l'épisode d'Er, l'Arménien de Platon? La légende de Thespésius dans Plutarque? Des précédents à interroger, il n'en manquait pas. « J'ai connu, dit saint Paul, quelqu'un qui a été ravi en « esprit jusque dans le Paradis, où il a entendu des paroles qu'il « n'est pas permis à l'homme de publier (ii, Corinth. xii-4). »

Parmi les visions chrétiennes pourquoi n'aurait-il pas connu celles de saint Carpe, de saint Sature, de sainte Perpétue? Il a pu ne pas ignorer ces révélations étranges sur l'autre monde dont parle saint Grégoire le Grand dans ses *Dialogues* (livre iv, chap. xxxvi). Notre premier grand historien Grégoire de Tours ne nous a-t il pas raconté la vision de saint Sauve (*Histoire de France liv.* xii, *par.* 1) ?

Jamais les visions n'ont été plus fréquentes que du ixᵉ au xiiiᵉ siècle. Nous avons le visionnaire des lettres de saint Boniface (Epist. 21, *insultantibus narrare denegaret*). Nouvelle vision apparaît et se lit dans la vie de saint Anschaire par saint Rambert imprimée dans le tome vi des Bollandistes. Qui ne connaît le récit du voyage de Saint-Brandan et de Saint-Malo qui dura sept ans et que nous a laissé un moine du xiᵉ siècle, Sigebert de Gembloux, près Namur ?

Les annales de saint Bertin et des manuscrits du Mont-Cassin font mention à leur tour de visions curieuses. Nos pères du Moyen-Age ont-ils ajouté foi à tous ces récits ? Nous avons peine à le croire. Le scepticisme en matière de foi est de tous les temps et de tous les lieux. En tout cas, ces narrations servaient à entretenir leur imagination d'espérances consolatrices et bien-faisantes ; c'était déjà là un grand avantage obtenu.— « Si quel-« qu'un sortait de chez les morts, dit saint Jean Chrysostôme, « tous ses récits seraient crus (*Sermon* 66). »

Nous ne multiplierons pas davantage nos citations. Aussi bien il est temps de revenir au *Songe* ou *Voie d'Enfer.*

Raoul raconte, au début de son poème comment en songe il prit le chemin de la Cité d'Enfer. Dante n'a pas autrement pro-cédé. Par une exagération permise aux poètes seuls, il nous dit qu'il mit un carême et un hiver à faire le voyage ; la vérité est qu'il ne mit que quatre jours à effectuer sa route. Il aborde pour commencer à la *Cité de Convoitise* ; il trouve l'hospitalité chez *Envie.* Tous les vices en personne s'y sont donné rendez-vous.

On voit défiler là : *Tricherie*, sa sœur *Rapine* et *Avarice* sa cousine. A *Ville-Taverne* il rencontre *Roberie* la Tavernière. Il ne
sait pas, ici, résister à sa fatale passion pour le jeu et se fait piper
par certains fripons habitués de ce mauvais lieu.

Chez certains traverniers de Paris, il voit venir *Hasart*.

> Qui me demanda d'autre part
> Noveles de Michiel de Treilles
> Après me raconta merveilles
> De Dant Sauvage et de sa gent,
> Comme il fesoient sanz argent
> Estre sovent Girart de Troies
> Et je leur dis que toutes voies
> Estoit Girard en lor merci.
> Il ne se muet oncque deci,
> Mès adés avoec aus séjorne :
> Sovent li voi penssiu et morne ;
> Chascuns i prent, chascuns le plume :
> C'est lor beauce et lor coustume.
> Ce lor dis je tant seulement,
> Et Hasart. qui bien sot comment
> Si desciple le sévent fere,
> . . . .

> (*Songe d'Enfer*, vers 196 à 211 inclus)

Il s'abouche ensuite avec des amateurs d'escrime, des lutteurs
de cabaret, puis vient chez *Fornication* et reparait un peu plus
tard chez *Filouserie*. Il rencontre, conduit entre *Larreçin* et
Yvréce, *Cruauté, Cope-gorge, Murtre* et *Vile le-Gibet*. Arrivé en
Enfer enfin, il remarque que la porte en est gardée par *Murtre,
Désespoir* et Mort-subite.

> . . . . Quant g'i ving, que il metoient
> les tables. . . . .
> Onques més si grand joie à droit
> Ne fu fete come il me firent
> Quar de si loing que il me virent
> Chascuns por moi veoir accort.

> (*Ibid.* 369-388 à 392.)

Ce jour-là Belzébuth passait la revue de tous ses vassaux ;
Raoul voit défiler devant ses yeux force abbés, clercs et évêques.
Les professions les plus diverses se rencontrent et se croisent
dans le royaume d'Enfer ; on fait avec les peaux des usuriers qui

l'habitent des nappes et de leur chair un excellent ragoût ; il s'y trouve aussi des popelicans ou autrement dit des hérétiques, des tisscrands, des femmes de mauvaise vie ; des champions ou batailleurs ; des brigands ou larrons-meurtriers ; des hérétiques endurcis (*bougres*) ; de mauvais avocats (*faus pledeors*) ; des huissiers (*bedel*) ; des papelards, des moines noirs ou bénédictins ; des nonains noirs ; de vieilles prestresses et des sodomites.

A la table d'Enfer, Raoul en mangeant, s'aperçoit que la nappe est faite du cuir d'une vieille courtisane. Les plats se succèdent ; ce sont des langues de plaideurs, ce sont encore des libertins en broche, des larrons à l'ail, je n'en détaillerai pas davantage le menu.

Le poète termine son récit par ces vers :

> — « Congié prent Raouls, si s'esveille ;
> Et cis contes faut si a point
> Qu'après ce n'en diroie point
> Por aventure qui aviègne
> Devant que de songier reviègne
> Raoul de Houdaing, sans mençonge
> Qui c'est fable fist de son songe.
> Ci fini li Songe d'Enfer :
> Dieu men gart esté et yver !
> Aprés orrez de Paradis
> Dieu nous i maint et nos amis ! »

IX

Le Songe ou Voie de Paradis.

II

Les derniers vers du *fableau* d'Enfer laissaient pressentir assez clairement le *Songe de Paradis*. Le poète invoque, tout d'abord, et avant de rien entreprendre d'un si lointain voyage, Dieu le glorieux, le doux, le pieux, le priant de lui enseigner la droite voie pour s'acheminer vers le Paradis.

Le Père Céleste l'engage à aller prendre conseil de Notre Dame et de mettre à la servir corps et âme. Elle le guide elle-même jusqu'à la demeure d'Amour. Là le viennent visiter *Discipline, Obédience* sa cousine.

Pendant son séjour, le cortège des *Gémissements*, de la *Pénitence* et des *Soupirs* lui fait fête. Ces derniers, sur sa demande,
lui indiquent le vrai sentier qui mène en Paradis. En passant,
Raoul décoche un trait acéré contre les Béguines, religieuses dont
la vie mondaine et licencieuse même était loin d'être citée comme
exemple au XIIIe siècle. Ce qui au besoin viendrait confirmer
notre hypothèse, c'est un passage d'une œuvre peu connue, pu-
bliée à Anvers en 1629. Pierre Coens, chanoine de cette ville
écrivait dans son *De origine Beghinarum* : « Virgines vestales ro-
« manæ umbram quamdam exhibent Beghinarum ; ad perpetuam
« enim castitatem non erant astrictæ, sed, evoluto certo tem-
« pore, licebat eis redecere et matrimonium inire ».

> Je respondis qu'eles servoient
> Notre Seigneur, et mout estoient
> Plainnes de très grant pascience
> Et gardent bien obedienche
> A lor sens et à lor pooir,
> Et sevent mult très bien voloir
> L'avantage et le preu d'autrui,
> Tout sans pesance et sans anui ;
> Et si vous di bien sans doutanche
> Que mout font grande pénitanche
> Teles i a tout coiement
> Et tiennent bien en lor couvent
> Religion et Chastée,
> Et sont plainnes d'umelité,
> Et font aumosnes volontiers,
> Et est lor serviches entiers
> A Dieu, le père droiturier.
> Mais le couvent font empirier
> Teles i a par leur folies
> Et par les laides vilonies
> Que les foles font coiement
>
> — (*Songe de Paradis, vers 75 à 95*) —

> Dehors samblent beghines iestre
> A lor samblant et à lor iestre,
> Et eles sont dedens couluevres
> Toutes plainnes de males œvres.
> De religion ont l'abit,
> Mais ja pour chou n'aront habit

> En Paradis le glorieus,
> Le saintisme, le prescieus,
> Où les boinnes seront posées
> Et avoec les sains couronées.

(Ibid. vers 105 à 114.)

Le voici dans la demeure de *Contrition*. Après avoir pris congé de cette maison hospitalière, il continue sa route à travers de multiples obstacles dont il parvient toujours à triompher. Ainsi *Tentation* qu'il aperçoit dans une vallée, à cheval, le guette pour l'étrangler, mais il trouve heureusement, et comme à point nommé, *Espérance* qui lui donne du réconfort. Il ne manquera pas de mettre à profit les conseils qu'elle lui prodigue avec libéralité. Des hôtelleries il n'en manque pas sur sa route. On le voit à la table de *Contrition* où il se restaure et reprend des forces; puis, après une nuit de repos passée chez son hôtelière. il prend congé d'elle et arrive chez *Confession* où il reçoit un joyeux accueil. Dans l'hôtel de *Confession*, il se trouve en présence de *Satisfaction et de Persévérance*, sa sœur germaine.

Contrition pousse la curiosité jusqu'à l'indiscrétion en lui demandant quel mobile l'a poussé à entreprendre son voyage de Paradis;

> Toute me vie li contai
> C'onques nul péché n'i lessai
> Que ne deïsse sans demeure
> Et le lieu et le tens et l'eure
> Et l'occoison, à mon pooir.

(Ibid. 327 à 331.)

il lui fait sa confession pleine et entière et ses aveux sont assez suivis de repentance. Gourmandise, fréquentation de mauvais compagnons, péchés véniels où il a plus d'une fois succombé. Après s'être purifié par la Pénitence, nous le retrouvons attaqué par une *tourbe* de *larrons* qui s'avancent pour lui faire un mauvais parti. Seul, en présence d'un danger imminent, il se sent pris d'une frayeur extrême. Ces larrons, à la mine, se devinent, ce sont : *Vaine-Gloire, Orghius, Envie, Haine* et *Avarice*, sans oublier *Ire* et *Fornication*. Le chef de cette bande a nom *Tentation*. Tout ce monde, on le présume, prend la fuite devant *Humilité, Obédience* et *Charité*. Ainsi, au lever du soleil, disparaissent les ombres de la nuit, comme eût dit le bon Virgile:

Peneance, qu'il rencontre en continuant sa route, lui ayant demandé quelle était sa patrie et d'où il venait, il lui répondit sérieusement (sans folie) : « Dame, *je suis de Picardie* ».

> Tout errant nous acheminâmes :
> Onques puis d'aler ne finâmes
> Si venîmes droit al repaire
> De Penitanche sans retraire.
> Li voie est estroite et sure ;
> Chil se metent en aventure
> Qui i vont, s'il n'ont boin conduit
> Ou de le voie ne sont duit
> Quant Peneance m'esgarda
> Sachiés que mout poi atarda
> De moi demander dont j'estoie
> Et de quel pais je venoie
> Et je li dis sans folie :
> « Dame, je suis de Picardie
> « Se vieng droit de Conflession »
> Et ele sans plus d'occoison
> Dist que fusce li bienvegnans
> Car ele estoit me bienvoellans,
>   (Ibid, vers 617 à 634).

On trouve ensuite quelques réminiscences bibliques ; l'échelle de Jacob qui a huit *eskaillons* y est décrite avec des données allégoriques intéressantes. Cette échelle merveilleuse dont il a gravi les échelons lui permet d'arriver enfin au Paradis.

Les premiers élus rencontrés par lui dans la cité céleste, sont saint Jean-Baptiste, saint Jean l'Evangéliste, les Vierges pures et les autres Saints.

> Des Frères Meneurs i oit maint
> Et des Jacopins eusement
> Qui voient Dieu visablement ;
> Des Frères de la Trinité
> Et de Cistiaus par vérité
> Et des autres religions
> Et gens de maintes mansions
> I avait il a grant plenté
> Que trestout ont lor volenté,
>   (Ibid. vers 912 à 920).

Remarquons en passant qu'à l'époque où écrivait Raoul de Houdenc, l'ordre des Frères mineurs ou Franciscains était d'institution récente puisqu'il n'avait pris naissance qu'en 1208. Les Jacobins ou Dominicains étaient d'un ordre de fondation plus récente encore que le précédent, sa création était de 1215 ; enfin les Trinitariens cités aussi par le poëte n'avaient commencé à se constituer en corporation religieuse qu'en 1198. Il y aurait de curieux rapprochements à faire entre *le Songe de Paradis* et la *Divine Comédie* de Dante. Du vers 1,031 jusqu'à la fin, c'est-à-dire jusqu'au vers 1363, le dernier du poëme, Raoul de Houdenc nous fait la description des merveilles et des jouissances célestes Son exposition rappelle les doctrines de saint Bernard dont le nom d'ailleurs se rencontre plusieurs fois dans le poème.

Ce tableau de Paradis a-t-il été, comme M. Lenient l'a cru, (*Satire au Moyen-Age*, p. 39) la justification rimée d'un partisan zélé de la Croisade contre les Albigeois. Nous ne le croyons pas. Quoi qu'il en soit, *le Songe* ou *Voie de Paradis* de Rutebœuf nous semble inférieure comme composition au poème de Raoul de Houdenc. Ce n'est pas à dire que les vers de Rutebœuf soient sans mérite aucun, tant s'en faut, mais nous croirions que Dante à dû de préférence s'inspirer, dans sa *Divine Comédie*, des inventions poétiques de Raoul que du poète Rutebœuf. Les Descriptions de Raoul sont riches et gracieuses ; les scènes du poème de Paradis sont amenées naturellement et ses personnages n'ont rien d'affecté.

X

Le Roman des Eles de Courtoisie ou simplement des Eles.

III

Dans le *Roman des   les*, simple moralité didactique, Raoul de Houdenc s'est proposé d'enseigner, aux chevaliers, les préceptes de la vraie *Courtoisie*, dont ils doivent s'étudier à devenir un jour les modèles. Si les chevaliers viennent à manquer à leur mission d'honneur militaire (sans oublier les vertus privées), le ménestrel est là pour la leur rappeler. Qui sont plus aptes à cet enseignement et à rappeler dans le droit chemin ceux qui sont près de faillir à leur dignité et à leurs devoirs de chevalerie,

3

que ceux qui vivent à leur service? Ils découvrent aisément leurs
bonnes ou mauvaises dispositions soit à la largesse, soit à l'a-
varice :

> Ki vuet estre drois chevaliers,
> Ne doit mie estre trop parliers
> Car chevaliers, n'en doteis pas,
> *Doit haut férir et parler bas.*
>
> (Vers 313 à 316.)

Notre poète, nous croyons l'avoir déjà remarqué plus haut,
insiste tout particulièrement sur la nécessité pour les chevaliers
de se livrer à la munificence, vertu capitale suivant lui. La
gloire acquise dans les tournois est amoindrie, si l'on n'y joint la
largesse et la pleine libéralité. *Largesse et Courtoisie* sont les
deux ailes indispensables dont doit s'entourer le chevalier. Chacune d'elles a sept *pennes* qui sont ici énumérées : 1° La Hardiesse, mère de la libéralité :

> Largèce doit estre la destre
> Et la senestre cortoisie,
> Et se chascune est bien fornie,
> Il covient, a droit deviser,
> K'en chascune, por droit aler,
> Ait, VII penes,— Par quel raison ?
> En l'ele qui Largece a non
> Est la première pene telë
> Por ce que Largèce a non l'ele
> C'on soit en largèce *hardis*.
>
> (Roman des Eles 144 à 153 édit. Schéler de 1868).

2° Le Désintéressement avec absence de calcul; 3° la Fidélité
à la parole donnée ; 4° la Libéralité prompte et généreuse ; 5° La
Largesse dans la générosité; 6° la Prodigalité dans les festins
accordés aux jongleurs.

Quant aux *pennes* de courtoisie, elles sont, suivant le vrai code de
chevalerie, honorer l'Eglise, éviter l'orgueil, éviter la fanfaron-
nade, aimer la gaieté noble et avoir le respect de la femme, enfin,
fuir l'envie, et s'abstenir de la raillerie et des méchants propos.
Le trouvère, après avoir pris soin de recommander aux chevaliers
d'aimer sérieusement, sans se laisser aller au découragement, nous
donne une description des effets et des charmes de l'amour et
termine en donnant un titre convenable à son poème didactique :

> Raols à toz les cortois prie
> Ke de ces pennes lor souviengne
> Et quascuns aucune en retiengne
>
> (Ibid. 645 à 648).

XI

Méraugis de Portlesguez.

IV

Nous voici parvenu à l'œuvre capitale de notre trouvère, œuvre qui ne comprend pas moins de 6,000 vers et qui compte parmi les plus importantes du Cycle de *la Table Ronde*. Elle a été analysée, par M. E. Littré, dans le *Journal des Savants*, et réimprimée dans ses *Etudes et Glanures*, 1880.

Antérieurement nous possédions une analyse complète du poème faite en langue allemande (1) par Ferdinand Wolf, Vienne, 1865. L'*Histoire Littéraire de la France*, par la plume de Gaston Pâris, vol. xxx, en a également donné une analyse fort complète qui pourrait nous dispenser à la rigueur de refaire le travail entrepris par nos devanciers.

« Le roi d'Escavalon en mourant laisse une fille d'une grande beauté, Lidoine. Elle se présente à un tournoi à Lindesores; un épervier est destiné à la plus belle et c'est Lidoine qui saisit l'oiseau aux applaudissements de tous les spectateurs. A cette joute apparaît Méraugis et son ami Gorvain Cadrut. Tous deux deviennent amoureux de la belle Lidoine et se l'avouent. Gauvain s'éprend de Lidoine à cause de sa seule beauté, Méraugis à cause de ses qualités morales. Ce qui doit advenir de cette rivalité, on le devine. Ils disputent tous deux sur leurs droits respectifs et en viennent aux coups. Lidoine arrive pour les séparer et les renvoie au jugement du roi. Le différend est soumis à Arthur qui prie sa cour de donner son opinion, Le sénéchal Keu donne le premier son avis, qui est que chacun des deux concurrents possède à son tour la belle Lidoine durant un mois. L'avis

---

(1) Ferd. Wolf. *Etude sur Raoul de Houdenc et en particulier sur son Roman de Méraugis de Portlesguez*, Vienne, 1865, en allemand. Il n'existe encore aucune traduction de ce Mémoire en français.

n'est pas partagé. La reine revendique la cause, et les dames, sous la présidence de la femme de leur roi, se prononcent en faveur de Méraugis. Gorvain, son compagnon d'armes, maintenant son rival proteste contre le jugement rendu en faveur de Méraugis et l'injurie. Ils se combattent à coups de poing, puis, Gorvain quitte le roi et sa cour en proférant des menaces de vengeance. Avant d'être à Méraugis, Lidoine veut que celui-ci, durant une année, cherche des aventures et acquiert une grande gloire. On voit venir, à ce moment, un nain fort laid.

> Uns nains si laidz qu'il ne pot plus.
> Quex ert il dont? Il ert camus ;
> Camus s'iert mon por estre laidz,
> Car devant ce que il fu faitz
> Ne fist Diex chose si camuse.
> Li nains qui touz jours fait la muse
> S'en vient devant le roi et dist (1).
> Rois, entent à moi un petit,
> Escoute moi, fai ta gent taire,
> Rois, coment puez tu joie faire ?
> Une merveille te vieng dire,
> En ceste court ne doit nuls rire,
> Ne doit non, mult i a por quoi,
> Rois, esgarde tot entour toi.
> Gawains tes niés est-il ceenz ?
> Nenil voir ; or est ce noientz,
> De ta court que soit mesdoutée ?
> Non, car ta court est escornée
> Du meilleur chevalier du monde.

Il reproche au roi Arthur de ne plus penser à son neveu Gauvain parti de sa cour depuis un an et plus à la recherche d'une épée merveilleuse. Il propose au roi de partir à la recherche de Gauvain, lui le nain. Il part accompagné de Méraugis et de son amie Lidoine. Au milieu d'aventures plus ou moins curieuses où nous ne suivrons pas le poète, on remarque l'enlèvement du cheval

---

(1) Méraugis de Portlesguez, édition Michelant, page 55. Nous ferons remarquer en passant, après G. Pâris, que *Lesguez* est un port de la ville de Saint-Brieuc et que le royaume d'Escavalon fait partie de la géographie de Chrestien de Troyes.

du nain par une vieille femme. Elle ne s'engage à le rendre que
si Méraugis abat un écu devant un pavillon au milieu d'une
forêt. Cet écu est la propriété de l'*Outredouté*, sorte d'ancien
brigand qui a jeté l'épouvante par ses meurtres dans la contrée.
Aux sollicitations d'une femme qu'il aime il a cessé ses ravages,
mais il veut punir Méraugis de l'insulte faite à son écu. Celui-ci
l'attend durant toute une nuit près du pavillon, et continue sa
route. Le chevalier Laquis le provoque, il est battu par Méraugis
qui l'envoie au pavillon de l'Outredouté dire à ce dernier qu'il le
rencontrera d'ici trois jours en allant toujours à droite. L'Outredouté force Laquis à se battre avec lui ; il le vainc, lui crève
l'œil gauche et vont ensemble à la recherche de Méraugis. Celui-
ci retrouve le nain qui devient le champion de Méraugis dans
une joûte qui a lieu chez le roi Amargon. Méraugis remporte la
victoire et le nain épouse la femme qu'il aimait.

Méraugis continue sa route et va à la recherche de Gauvain
sans songer qu'il avait promis de se laisser conduire par le nain
qui est aujourd'hui retiré de la scène. L'Outredouté quitte Laquis
et ce dernier rencontre par hasard Méraugis a qui il raconte
l'odieuse cruauté de l'Outredouté :

> ..... Laquis a tant erré
> Qu'à un matin près d'une brouce
> Devant les plains de l'Ambragouse.
> A Méraugis aconseû.
> Lidoine l'a aperceû
> Avant, sel monstre à Méraugis
> Cil qui se torne vers Laquis,
> L'esgarde et choisit par devant
> Qu'il voit d'un œil, l'autre plorant.
> Mult l'en pesa par vérité ;
> Set que ce fist l'Outredouté.
> Encontre vient, sel salua ;
> Toutes voies lui demanda :
> « Qu'est ce Laquis ? Qui t'a ce fet ? »
> Et cil respont tout entreset :
> « Sire, vous ; de vous me plain gié,
> « Car por vous m'a l'ondamagié,
> « Vous m'envoiastes, maugré mien,
> « Au tref dont je savoie bien
> « Que j'à eutiers m'en retorroie.
> « Or est einsi que je voudroie
> « Mourir ou enragir mon vueil. »

Méraugis jure de le venger et de lui apporter le nain qui lui a
crevé l'œil. Laquis se retire. Méraugis poursuit sa route avan-
tureuse et arrive bientôt à la « *Cité sans nom* « en compagnie de
Lidoine. Après avoir reçu un accueil bienveillant une barque le
conduit dans une île où il doit combattre le chevalier qui habite
la tour. Ils luttent avec acharnement tous les deux et Méraugis
reconnaît que le guerrier noble qu'il combat n'est autre que
Gauvain qu'il recherche depuis si longtemps. Gauvain qui vient
de se faire reconnaître à son vieux compagnon d'armes lui
raconte que la tour où il habite est occupée par une Dame dont
l'ami après avoir jouté avec tous les chevaliers qui venaient
dans l'île les tuait. Gauvain, vainqueur de l'ami de la Dame fait à
son tour ce qu'il faisait. Comment sortir de l'île ? La Dame seule
a pouvoir de faire venir la barque et de leur faire donner la nourriture. Gauvain est contraint par son triste destin de tuer
Méraugis. Ce dernier propose d'user de ruse. Il se laisse renverser
de cheval, dans une joute tenace, par Gauvain, mais ce n'est
qu'une lutte simulée ; il feint aussi de lui trancher la tête et de la
jeter à la mer. La dame du haut de sa tour croit à la mort de
Méraugis sur la parole de Gauvain. A la nuit noire, Méraugis vient
et enferme, sans être reconnu, la Dame et ses femmes. Il revêt la
robe de la Dame de la tour.

> Et que fit-il? Par foi, il prist
> La plus riche robe à la dame ;
> Si s'atorna com une fame,
> Et puis descendi du chastel,
> L'espée desouz son mantel,
> Que vous diroie ? El havre vint
> Einsi vestuz ; mult lui avint
> Car il estoit et biax et gens.
> De l'autre part virent les gens
> Méraugis qui par l'isle aloit,
> Et de sa main les asenoit
> Einsi com la dame seult faire ;
> Ne se gardent de cel afaire,
> Leur dame cuident que ce soit.
> A la nef courrent ; lors tot droit.
> S'en vont singlant de l'autre part.

En sautant dans la barque Méraugis fait craquer les planches du

bateau ; les quatre mariniers reconnaissent que ce n'est pas la
dame de la tour, mais sur la menace qu'il fait de les pourfendre
ils n'hésitent pas à le transporter avec Gauvain à la ville de
Hauditon. Là, les deux compagnons se séparent et Méraugis qui a
oublié dans la tour Lidoine va à sa recherche. Les deux chevaliers, avant de se séparer, se donnent rendez-vous à la cour
d'Arthur. Le premier arrivé à la cour du roi devra se mettre en
quête de l'autre. Méraugis toujours errant fait la rencontre du
brigand l'Outredouté. Il suit les traces du cheval de son ancien
ennemi sur la neige, ses empreintes le conduisent près du mur
de l'enclos d'un château où il retrouve l'Outredouté en armes.
Chacune de ses mains est serrée dans celles d'une jeune fille.
Méraugis a à peine passé la porte du courtil du château enchanté
qu'il prend la place de l'Outredouté et qu'il reste dans le « *cha-
teau des Caroles* » jusqu'à ce qu'un autre vienne le remplacer et
caroler comme lui. L'Outredouté une fois dehors, regarde par
dessus le mur et reconnaît Méraugis à ses armes ; il fait dresser
alors la tente devant la porte et après dix semaines d'attente
arrive un chevalier qui à son tour pénètre dans le château
magique. Méraugis sort du château et son *enchantement prend fin.*
A la porte il retrouve son cheval qui comme son maître n'avait
pas eu besoin de prendre aucune nourriture.

Il arrive à un carrefour et reconnaît à une croix, que sont en
train d'orner de buis quatre hommes, que c'est le Dimanche des
Rameaux, et que son enchantement a duré une partie de l'hiver.

Enfin il rencontre l'Outredouté , l'ennemi qu'il recherche
depuis longtemps. Un combat acharné d'une sauvagerie extra-
ordinaire s'engage entre eux.

> Cil qui remeistrent en la poudre
> Sont mult bleciè; l'Outredoutez
> Fu parmi le destre costez
> Ferruz au cheir en l'herbe ;
> Bien en gurra, Méraugis fu
> Feruz el piz sous la mamele
> Du glaive essiva par derrière.
> De lui ne sai en quel manière
> Il garesist; trop en seroit
> Fort à garir. Mes orendroit
> Ne s'en sent-il, ne cil ne fait
> Ne cist ne cil por mal qu'il ait
> Ne s'esmaient. En piez reviennent ;

> Les escus qui mult leur avienent
> Metent avant ; espées traites
> S'entrevont et giètent retraites
> Sourmontées et entredeus,
> Que nuls ne peûst entr'ex deus
> Veoir fors les espées nues
> Qui vont et vienent ; esmolues
> Sont les espées et trenchans
> Et ils fiérent uns cox si grans
> Que trestouz as premerãins cox
> Font des hÿaumes voler les clox,
> Si qu'ils descerclent et peçoient ;
> les haubercs que por foz tenoient,
> Ne valent rien, tost sont desrout.
>
> (Méraugis éd. Michelant page 191.)

Tous deux couverts de plaies, et n'en pouvant mais, s'étreignen
et sont obligés de se soutenir l'un et l'autre pour ne pas tomber,
tant ils sont las de combattre. L'Outredouté meurt entraînan
Méraugis dans sa chûte. Ce dernier se souvient de sa promesse
à Laquis de Lampagres.

> « J'ai à Laquis de Lampagres
> « Promis la main dont tu crevas
> « Son œil : ou tu la me leras
> « La main, ou je lerai la vie.
> — Est ce dont tu as envie
> « Méraugis ? — Oïl — Tu es fous,
> « Que de la main prendras les cous
> « Dont tu morras. Trop avons ci
> « Este en pes...................... »

Il saisit une épée et coupe la main de l'Outredouté, puis, n'en
pouvant plus, il s'étend à demi-mort sur l'herbe de la prairie et
y reste évanoui.

Pendant toutes ces joutes qu'est-il advenu de l'amie de Méraugis, Lidoine ? Celle-ci du haut de la Tour enchantée où l'avait
oubliée son ami, avait vu la décapitation feinte de Méraugis et
avait cru à la réalité du fait. De là un violent chagrin.

Avice, une jeune fille charitable, l'avait trouvée désolée, prête
à se donner la mort, et après lui avoir donné des soins, l'avoir
ramenée à d'Escavalon son royaume, Belchis, un de ses vassaux,
apprenant la mort de son ami Méraugis, la retient prisonnière et
veut lui faire épouser son fils Espinogre. Pour ne pas attirer sur

elle de violences, elle demande et obtient un délai, et pendant ce temps elle implore le secours de Gorvain Cadrut, voisin de Bel-chis. Gorvain fait le siège du château de Belchis qui a nom Monthaut. Belchis appelle à son aide ses parents et amis. L'un de ses proches, Meliant de Lis, en venant au secours de Belchis trouve dans la lande bretonne Méraugis et l'Outredouté. Ce der-nier, nous le savons, est mort, seul Méraugis survit et reçoit les soins de Méliant de Lis. Heureux de prêter secours à Belchis contre Gorvain, il voit Lidoine qui ne s'attend pas à cette rencontre. Emotions imprudentes de l'un et de l'autre. Tondu et reposant dans la salle du château sur un tapis, il est laid à voir et assez semblable à un fou moins la massue qu'il n'a pas. On apprend dans le château que le blessé tondu est le vainqueur de l'Outre-douté; la sœur du châtelain et ses dames veulent le voir. Lidoine est parmi celles-ci. Elle le reconnait et se pâme. Pour ne pas être reconnus, Méraugis et son amie feignent de ne s'être jamais vus. Elle répond à celles qui l'interrogent sur sa trop grande émo-tion que c'est la vue de ce fou si laid qui a été la cause de son évanouissement. Rien ne transpire, de cette façon, de leur secret. Avice envoyée par Lidoine à la cour d'Arthur demander du secours trouve Gorvain qui ne fait que d'arriver. Elle lui fait un reproche de laisser sans secours Lidoine, l'amie de Méraugis qui est mort dans l'île de *la Cité sans nom*. Gauvain, sans en rien dire, vient au secours de Gorvain Cadrut avec tous les chevaliers de *la Ta-ble Ronde*. On fait le siège de Monthaut, mais Méraugis guéri met hors de combat les nouveaux assiégeants, puis combat Gau-vain qui, en le reconnaissant, lui donne son épée et se laisse emmener avec lui dans le château. Indignation des chevaliers du roi Arthur qui considèrent l'acte de Gauvain comme une trahison. Belchis, à la vue des beaux faits d'armes de Méraugis lui jure et fait jurer fidélité à tous ses vassaux. Il devient le vrai maître du château

Lidoine qui feint obstinément d'ignorer qui est ce héros dont on lui raconte la prouesse demande à la sœur de Belchis la per-mission de le voir. Lidoine arrive dans la salle où est Méraugis en compagnie des dames du château de Belchis.

Maintenant nos deux amants n'ont plus à se dissimuler, tous deux confondent leurs baisers.

> Aussi tost com ils s'entrevirent
> S'entrevindrent que tuit les virent
> Les bras tendus ; ils s'entracolent
> Cent foiz et cent ; ainz qu'il parolent
> S'entrebeisent et cele crie :
> « Biax amis », et cil « bele amie ».

Les hommes du château de Belchis, Meliant du Lis avec eux, après avoir prêté serment de fidélité à Méraugis, cessent toute hostilité, et Belchis se sentant saus appui est contraint de céder.

Gorvain lève le siège de Monthaut, mais cherche à s'emparer du royaume de Lidoine. Cette reine croyant Méraugis mort avait promis son royaume d'Escavalon à Gorvain à la condition qu'il la délivre de sa captivité chez Belchis. Méraugis rentre en scène, et combat Gorvain en présence de la cour d'Arthur. Vainqueur, il lui laisse la vie sauve, mais à condition que, comme par le passé, ils redeviendront bons compagnons.

Gorvain épouse Avice sur la proposition de Méraugis, et tous deux eurent des unions heureuses.

> Tout de rechief, si comme il dient,
> Sont compaing et ami certain.
> Si Méraugis r'ama Gorvain
> Et Gorvain lui plus qu'il ne seult ;
> Or à Méraugis quanqu'il veult.
>   Si contes faut ; si s'en délivre
> Raoul de Hodenc qui c'est livre
> Comença de ceste matire
> Se nuls i trove plus que dire
> Qu'il n'i a dit, sel die avant,
> Que Raoul s'en test à itant.

> *Explicit* li Romans de Méraugis
> de Portlesguez par Maistre
>   Raoul de Hodenc

XII

Conclusion.

V

Maintenant que nous avons mis en lumière, autant que nous avons pu, les divers mérites littéraires de M⁰ Raoul de Houdenc, que nous avons fait connaître par des analyses suffisamment détaillées ses œuvres et signalé les quelques particularités que nous avons pu rencontrer sur sa vie, il est temps de conclure. On est peut-être fondé à nous demander jusqu'à quel point nous sommes autorisé à lui maintenir la haute réputation que Huon de Méry et ses contemporains lui ont faite.

> Moult mis grant force à eschever
> Les dis Raoul et Chrestien,
> Qu'onques bouche de Crestien.
> Ne dist si bien comme il disoient.
> Mais quand il distrent, ii prouvoient
> Le biau françois trestout à plain...
>
> (Huon de Méry. Tournoiement Antechrist.)

Si nous nous sommes consciencieusement acquitté de notre tâche et si nous avons rempli le rôle que nous nous étions imposé, cette bonne réputation ne paraîtra pas exagérée.

En tout cas, ce n'est certes pas dans les particularités et influences dialectales que se trouve la plus forte preuve qui doive nous le faire rattacher définitivement à la Picardie ou au Beauvaisis. Sa langue, Huon de Méry l'avait déjà remarqué, ses vers octosyllabiques, avec leurs rimes féminines trop fréquentes sont du plus pur dialecte de notre Ile-de-France. A peine si l'on peut relever dans ses trois poèmes, par exemple des *Songes d'Enfer*, *Songe de Paradis* et dans le *Roman des Eles*, huit ou neuf mots qui appartiennent en propre au dialecte picard. Que nous importe? Notre poète n'en reste pas moins, avec les nombreux auteurs de *Sirventois* nés ou ayant habité en Picardie, l'un des plus curieux esprits de notre province. Le séjour de notre ménestrel dans son pays d'origine, fut probablement de courte durée. A la fin de sa carrière, et après nombre d'aventures sans doute, revint-il même s'y fixer jamais? Raoul de Houdenc fut un poète errant, demandant aujourd'hui un abri au haut baron que protégeaient les hautes murailles de son donjon; demandant le lendemain l'hospitalité au moustier ou au modeste manoir. Ses contes ou *Songes*, ses fableaux, aux rimes plus ou moins régulières, son *Roman de Méraugis*, tous ces poèmes, écrits peutêtre sous le toit d'un riche chevalier banneret, ou d'un comte de notre province, c'était la monnaie dont il payait si souvent ses hôtes, charmant, par leur récitation, les longues heures des veillées d'hiver. Pour avoir fait si gracieusement la joie du châtelain et de son entourage féminin, il recevait souvent un manteau ou une cotte pour mieux résister aux rigueurs de la saison d'hiver. Ces contes, ces récits qui aidaient à tromper les heures d'ennui des mauvaises saisons, c'était la clef qui lui servait à se faire ouvrir et les bourses et les portes.

Sans les largesses des grands, comment aurait pu vivre notre pauvre trouvère nomade?

> Chevaliers qui en vousist prendre
> Par tant leur fist Gorveinz aprendre
> Qu'il n'estoit pas vilainz ne chiches
> Et dient touz : « Nous a fet riches
> « Cist noviaus sires. Bien soit-il
> « Venuz. » Einsi le loent cil
> Par la largesce qu'en lui treuvent
> Largesce est tiex que de lui meuvent
> Li bien ; biauté, sens ne proesce
> Ne valent noient si largesce
> I faut; que largesce enlumine
> Proesce ; largesce est medecine
> Por quoi proesce monte en haut.
>
> (*Méraugis*, p. 171.)

C'est pourquoi aussi il a fait de la largesse dans son *Roman des Eles* et son *Songe d'Enfer* une des qualités essentielles de la beauté morale de la vraie chevalerie.

Raoul de Houdenc est de la race de Rutebœuf qu'il ne précède que de quarante ans environ ; de la famille des Villon, moins les vices crapuleùx qu'il ne paraît pas avoir eus; des Marot et des Bonaventure des Périers. La Fontaine, le La Fontaine des *Contes* Voltaire et Musset n'auraient pas dédaigné de lui donner des encouragements. On lui reproche (l'abbé Massieu), la liberté licencieuse de certains vers de son fableau d'*Enfer*, mais on n'a pas considéré qu'il avait dans les mœurs de l'époque, autour de lui, aux portails, aux chœurs, aux portes et aux voûtes de nos cathédrales gothiques, des sujets qui pouvaient fournir un aliment à sa verve poétique et satirique.

Que de scènes grotesques, d'images grossières, les sculpteurs du XIII° et XIV° siècles n'ont-ils pas mis partout? Des allégories, mais il y en avait de tous côtés. L'image de la vie humaine ne se voit-elle pas peinte encore sur cette belle rose de la cathédrale de Beauvais et sur celle de la cathédrale d'Amiens? Par son esprit conteur et satirique, cette double vocation de notre race picarde, il est bien nôtre.— « Si Raoul de Houdenc, dit N. de Wailly (1869), n'avait pas révélé son origine, sa langue ne l'aurait certainement pas trahi..... C'est le dialecte de l'Ile-de-France que M. Michelant reconnait dans Méraugis et dans les autres poèmes de ce trouvère. »

Ce n'est point pour exalter sa mémoire que nous avons entrepris ces patientes recherches et élaboré un peu hâtivement cette modeste étude. Nous avons cédé à un sentiment de pur patriotisme local ; nous avons voulu simplement reprendre notre bien, rentrer en possession d'une part de notre héritage littéraire que quelques critiques flamands trop zélés s'étaient déjà approprié.

Raoul de Houdenc n'a pas été aussi fécond que son contemporain Chrestien de Troyes, nous en convenons, mais malgré ses défauts, il lui reste assez de qualités de premier ordre, quand on veut tenir compte de l'époque rudimentaire ou il a composé ses poésies, pour mériter qu'on lui assigne un rang distingué, une place à part parmi les écrivains Beauvaisins ou Picards qui se sont acquis dans les lettres une solide réputation parmi nous.

L. VUILHORGNE.

Hanvoile, ce 20 Juin 1896.

BEAUVAIS, IMPRIMERIE D. PERE. — A. CARTIER, GÉRANT.